La Poursuite
du bonheur

DU MÊME AUTEUR

Rester vivant, La Différence, 1991 ; Librio, 1999.
La Poursuite du bonheur, La Différence, 1991 ; Librio, 2001.
H.P. Lovecraft, Éditions du Rocher, 1991, 1999, 2005 ; J'ai lu, 1999.
Extension du domaine de la lutte, Maurice Nadeau, 1994 ; J'ai lu, 1997.
Le Sens du combat, Flammarion, 1996.
Rester vivant suivi de *La Poursuite du bonheur* (édition revue par l'auteur), Flammarion, 1997.
Interventions, Flammarion, 1998.
Les Particules élémentaires, Flammarion, 1998 ; J'ai lu, 2000.
Rester vivant et autres textes, Librio, 1999.
Renaissance, Flammarion, 1999.
Lanzarote, Flammarion, 2000.
Poésies (intégrale poche), J'ai lu, 2000.
Plateforme, Flammarion, 2001 ; J'ai lu, 2002.
Lanzarote et autres textes, Librio, 2002.
La Possibilité d'une île, Fayard, 2005 ; J'ai lu, 2013.
Ennemis publics (avec Bernard-Henri Lévy),
Flammarion/Grasset, 2008 ; J'ai lu, 2011.
Interventions 2, Flammarion, 2009.
Poésie (nouvelle édition), J'ai lu, 2010, 2015.
La Carte et le Territoire, Flammarion, 2010 ; J'ai lu, 2012.
Configuration du dernier rivage, Flammarion, 2013 ; repris dans *Poésie*, J'ai lu, 2015.
Non réconcilié : Anthologie personnelle 1991-2013, Gallimard, 2014.
Soumission, Flammarion, 2015.

Michel Houellebecq

La Poursuite
du bonheur

Texte intégral

Première partie

HYPERMARCHÉ – NOVEMBRE

D'abord, j'ai trébuché dans un congélateur.
Je me suis mis à pleurer et j'avais un peu peur.
Quelqu'un a grommelé que je cassais l'ambiance ;
Pour avoir l'air normal j'ai repris mon avance.

Des banlieusards sapés et au regard brutal
Se croisaient lentement près des eaux minérales.
Une rumeur de cirque et de demi-débauche
Montait des rayonnages. Ma démarche était gauche.

Je me suis écroulé au rayon des fromages ;
Il y avait deux vieilles dames qui portaient des sardines.
La première se retourne et dit à sa voisine :
« C'est bien triste, quand même, un garçon de cet âge. »

Et puis j'ai vu des pieds circonspects et très larges ;
Il y avait un vendeur qui prenait des mesures.
Beaucoup semblaient surpris par mes nouvelles chaussures ;
Pour la dernière fois j'étais un peu en marge.

NON RÉCONCILIÉ

Mon père était un con solitaire et barbare ;
Ivre de déception, seul devant sa télé,
Il ruminait des plans fragiles et très bizarres,
Sa grande joie étant de les voir capoter.

Il m'a toujours traité comme un rat qu'on pourchasse ;
La simple idée d'un fils, je crois, le révulsait.
Il ne supportait pas qu'un jour je le dépasse,
Juste en restant vivant alors qu'il crèverait.

Il mourut en avril, gémissant et perplexe ;
Son regard trahissait une infinie colère.
Toutes les trois minutes il insultait ma mère,
Critiquait le printemps, ricanait sur le sexe.

À la fin, juste avant l'agonie terminale,
Un bref apaisement parcourut sa poitrine.
Il sourit en disant : « Je baigne dans mon urine »,
Et puis il s'éteignit avec un léger râle.

JIM

Tant que tu n'es pas là, je t'attends, je t'espère ;
C'est une traversée blanche et sans oxygène.
Les passants égarés sont bizarrement verts ;
Au fond de l'autobus, je sens craquer mes veines.

Un ami de toujours m'indique l'arrêt Ségur.
C'est un très bon garçon, il connaît mes problèmes ;
Je descends je vois Jim ; il descend de voiture,
Il porte à son blouson je ne sais quel emblème.

Parfois Jim est méchant, il attend que j'aie mal.
Je saigne sans effort ; l'autoradio fredonne.
Puis Jim sort ses outils ; il n'y a plus personne,
Le boulevard est désert. Pas besoin d'hôpital.

J'ai peur de tous ces gens raisonnables et soumis
Qui voudraient me priver de mes amphétamines.
Pourquoi vouloir m'ôter mes dernières amies ?
Mon corps est fatigué et ma vie presque en ruine.

Souvent les médecins, ces pustules noircies,
Fatiguent mon cerveau de sentences uniformes ;
Je vis ou je survis très en dehors des normes ;
Je m'en fous. Et mon but n'est pas dans cette vie.

Quelquefois le matin je sursaute et je crie,
C'est rapide c'est très bref mais là j'ai vraiment mal ;
Je m'en fous et j'emmerde la protection sociale.

Le soir je relis Kant, je suis seul dans mon lit.
Je pense à ma journée, c'est très chirurgical ;
Je m'en fous. Je reviens vers le point initial.

Mon corps est comme un sac traversé de fils rouges
Il fait noir dans la chambre, mon œil luit faiblement
J'ai peur de me lever, au fond de moi je sens
Quelque chose de mou, de méchant, et qui bouge.

Cela fait des années que je hais cette viande
Qui recouvre mes os. La couche est adipeuse,
Sensible à la douleur, légèrement spongieuse ;
Un peu plus bas il y a un organe qui bande.

Je te hais, Jésus-Christ, qui m'as donné un corps
Les amitiés s'effacent, tout s'enfuit, tout va vite,
Les années glissent et passent et rien ne ressuscite,
Je n'ai pas envie de vivre et j'ai peur de la mort.

UNE VIE, PETITE

Je me suis senti vieux peu après ma naissance ;
Les autres se battaient, désiraient, soupiraient ;
Je ne sentais en moi qu'un informe regret.
Je n'ai jamais rien eu qui ressemble à l'enfance.

Au fond de certains bois, sur un tapis de mousse,
Des troncs d'arbre écœurants survivent à leurs feuilles ;
Autour d'eux se développe une atmosphère de deuil ;
Leur peau est sale et noire, des champignons y poussent.

Je n'ai jamais servi à rien ni à quiconque ;
C'est dommage. On vit mal quand on vit pour soi-même.
Le moindre mouvement constitue un problème,
On se sent malheureux et cependant quelconque.

On se meut vaguement, comme un animalcule ;
On n'est presque plus rien, et pourtant qu'est-ce qu'on souffre !
On transporte avec soi une espèce de gouffre
Portatif et mesquin, vaguement ridicule.

On ne croit plus vraiment que la mort soit funeste ;
Surtout pour le principe, de temps en temps, on rit ;
On essaie vainement d'accéder au mépris.
Puis on accepte tout, et la mort fait le reste.

J'aime les hôpitaux, asiles de souffrance
Où les vieux oubliés se transforment en organes
Sous les regards moqueurs et pleins d'indifférence
Des internes qui se grattent en mangeant des bananes.

Dans leurs chambres hygiéniques et cependant sordides
On distingue très bien le néant qui les guette
Surtout quand le matin ils se dressent, livides,
Et réclament en geignant leur première cigarette.

Les vieux savent pleurer avec un bruit minime,
Ils oublient les pensées et ils oublient les gestes
Ils ne rient plus beaucoup, et tout ce qui leur reste
Au bout de quelques mois, avant la phase ultime,

Ce sont quelques paroles, presque toujours les mêmes ;
Merci je n'ai pas faim mon fils viendra dimanche.
Je sens mes intestins, mon fils viendra quand même.
Et le fils n'est pas là, et leurs mains presque blanches.

Tant de cœurs ont battu, déjà, sur cette terre
Et les petits objets blottis dans leurs armoires
Racontent la sinistre et lamentable histoire
De ceux qui n'ont pas eu d'amour sur cette terre.

La petite vaisselle des vieux célibataires,
Les couverts ébréchés de la veuve de guerre
Mon dieu ! Et les mouchoirs des vieilles demoiselles
L'intérieur des armoires, que la vie est cruelle !

Les objets bien rangés et la vie toute vide
Et les courses du soir, restes d'épicerie
Télé sans regarder, repas sans appétit

Enfin la maladie, qui rend tout plus sordide,
Et le corps fatigué qui se mêle à la terre,
Le corps jamais aimé qui s'éteint sans mystère.

Ma sœur était très laide à l'âge de dix-sept ans,
Dans sa classe de troisième on l'appelait gras-double.
Un matin de novembre elle sauta dans l'étang ;
Mais on la repêcha, l'eau était jaune et trouble.

Blottie sous l'édredon comme un gros rat obèse,
Elle rêvait d'une vie sereine et peu consciente
Sans relations sociales et sans espoir de baise,
Mais tranquille et très douce et presque évanescente.

Le lendemain matin elle aperçut des formes,
Glissantes et légères sur le mur à sa droite.
Elle dit reste avec moi, il faut pas que je dorme ;
Je vois un grand Jésus, dans le lointain, il boite.

Elle dit j'ai un peu peur, mais ça ne peut pas être pire.
Crois-tu qu'il reviendra ? Je vais mettre un corsage.
Je vois des petites maisons, il y a tout un village ;
C'est si joli, là-bas. Est-ce que je vais souffrir ?

La mort est difficile pour les vieilles dames trop riches
Entourées de belles-filles qui les appellent « ma biche »,
Pressent un mouchoir de lin sur leurs yeux magnifiques,
Évaluent les tableaux et les meubles antiques.

Je préfère la mort des vieux de HLM
Qui s'imaginent encore jusqu'au bout qu'on les aime,
Attendant la venue du fils hypothétique
Qui paierait le cercueil en sapin authentique.

Les vieilles dames trop riches finissent au cimetière,
Entourées de cyprès et d'arbustes en plastique
C'est une promenade pour les sexagénaires,
Les cyprès sentent bon et chassent les moustiques.

Les vieux de HLM finissent au crématoire,
Dans un petit casier à l'étiquette blanche.
Le bâtiment est calme ; personne, même le dimanche,
Ne dérange le sommeil du très vieux gardien noir.

Où est mon corps subtil ? Je sens venir la nuit,
Piquée d'aiguilles bleues et de chocs électriques.
Des bruits venus de loin dans un espace réduit :
La ville qui ronronne, machine anecdotique.

Demain je vais sortir, je quitterai ma chambre,
Je marcherai usé sur un boulevard mort,
Les femmes du printemps et leurs corps qui se cambrent
Se renouvelleront en fastidieux décors.

Demain il y aura des salades auvergnates
Dans les cafés bondés où les cadres mastiquent ;
Aujourd'hui c'est dimanche. Splendeur de Dieu, éclate !
Je viens de m'acheter une poupée en plastique

Et je vois s'envoler des étoiles de sang,
Je vois des yeux crevés qui glissent sur les murs ;
Marie, mère de Dieu, protège mon enfant !
La nuit grimpe sur moi comme une bête impure.

À l'angle de la FNAC bouillonnait une foule
Très dense et très cruelle.
Un gros chien mastiquait le corps d'un pigeon blanc.
Plus loin, dans la ruelle,
Une vieille clocharde toute ramassée en boule
Recevait sans mot dire le crachat des enfants.

J'étais seul rue de Rennes. Les enseignes électriques
M'orientaient dans des voies vaguement érotiques.
Bonjour c'est Amandine.
Je ne ressentais rien au niveau de la pine.
Quelques loubards glissaient un regard de menace
Sur les nanas friquées et les revues salaces.
Des cadres consommaient. C'est leur fonction unique.
Et tu n'étais pas là. Je t'aime, Véronique.

1

J'étais seul au volant de ma Peugeot 104 ;
Avec la 205 j'aurais eu l'air plus frime.
Il pleuvait sans arrêt et je déteste me battre ;
Il me restait trois francs et cinquante-cinq centimes.

J'ai hésité devant l'embranchement de Colmar :
Était-il bien prudent de quitter l'autoroute ?
Sa dernière lettre disait : « J'en ai carrément marre
De toi et tes problèmes. Ta connerie me dégoûte. »

Nos relations en bref avaient connu un froid ;
La vie bien trop souvent éloigne ceux qui s'aiment.
Sans me décourager et en claquant des doigts,
J'entonnai un refrain de la « Vie de bohème ».

2

Les Allemands sont des porcs, mais ils savent faire des routes
Comme disait mon grand-père, esprit fin et critique.
J'étais un peu tendu ; la fatigue, sans doute,
J'accueillis avec joie le bitume germanique
Ce voyage peu à peu tournait à la déroute,
Je me sentais au bord de la crise hystérique.

J'avais assez d'essence pour atteindre Francfort ;
Là très certainement je me ferais des amis
Et entre deux saucisses nous braverions la mort,
Nous parlerions de l'homme et du sens de la vie.

Dépassant deux camions qui transportaient des viandes,
Ravi par ce projet je chantonnais des hymnes ;
Non rien n'était fini, la vie et ses offrandes
S'étendaient devant moi, incertaines et sublimes.

L'AMOUR, L'AMOUR

Dans un ciné porno, des retraités poussifs
Contemplaient, sans y croire,
Les ébats mal filmés de deux couples lascifs ;
Il n'y avait pas d'histoire.

Et voilà, me disais-je, le visage de l'amour,
L'authentique visage.
Certains sont séduisants ; ils séduisent toujours,
Et les autres surnagent.

Il n'y a pas de destin ni de fidélité,
Mais des corps qui s'attirent.
Sans nul attachement et surtout sans pitié,
On joue et on déchire.

Certains sont séduisants et partant très aimés ;
Ils connaîtront l'orgasme.
Mais tant d'autres sont las et n'ont rien à cacher,
Même plus de fantasmes ;

Juste une solitude aggravée par la joie
Impudique des femmes ;
Juste une certitude : « Cela n'est pas pour moi »,
Un obscur petit drame.

Ils mourront c'est certain un peu désabusés,
Sans illusions lyriques ;
Ils pratiqueront à fond l'art de se mépriser,
Ce sera mécanique.

Je m'adresse à tous ceux qu'on n'a jamais aimés,
Qui n'ont jamais su plaire ;
Je m'adresse aux absents du sexe libéré,
Du plaisir ordinaire.

Ne craignez rien, amis, votre perte est minime :
Nulle part l'amour n'existe.
C'est juste un jeu cruel dont vous êtes les victimes ;
Un jeu de spécialistes.

NATURE

Je ne jalouse pas ces pompeux imbéciles
Qui s'extasient devant le terrier d'un lapin
Car la nature est laide, ennuyeuse et hostile ;
Elle n'a aucun message à transmettre aux humains.

Il est doux, au volant d'une puissante Mercedes,
De traverser des lieux solitaires et grandioses ;
Manœuvrant subtilement le levier de vitesses
On domine les monts, les rivières et les choses.

Les forêts toutes proches glissent sous le soleil
Et semblent refléter d'anciennes connaissances ;
Au fond de leurs vallées on pressent des merveilles,
Au bout de quelques heures on est mis en confiance ;

On descend de voiture et les ennuis commencent.
On trébuche au milieu d'un fouillis répugnant,
D'un univers abject et dépourvu de sens
Fait de pierres et de ronces, de mouches et de serpents.

On regrette les parkings et les vapeurs d'essence,
L'éclat serein et doux des comptoirs de nickel ;
Il est trop tard. Il fait trop froid. La nuit commence.
La forêt vous étreint dans son rêve cruel.

VACANCES

Un temps mort. Un trou blanc dans la vie qui s'installe.
Des rayons de soleil pivotent sur les dalles.
Le soleil dort ; l'après-midi est invariable.
Des reflets métalliques se croisent sur le sable.

Dans un bouillonnement d'air moite et peu mobile,
On entend se croiser les femelles d'insectes.
J'ai envie de me tuer, de rentrer dans une secte ;
J'ai envie de bouger, mais ce serait inutile.

Dans cinq heures au plus tard le ciel sera tout noir ;
J'attendrai le matin en écrasant des mouches.
Les ténèbres palpitent comme de petites bouches ;
Puis le matin revient, sec et blanc, sans espoir.

La lumière a lui sur les eaux
Comme aux tout premiers jours du monde.
Notre existence est un fardeau :
Quand je pense que la Terre est ronde !

Sur la plage il y avait une famille entière,
Autour d'un barbecue ils parlaient de leur viande,
Riaient modérément et ouvraient quelques bières ;
Pour atteindre la plage, j'avais longé la lande.

Le soir descend sur les varechs,
La mer bruit comme un animal ;
Notre cœur est beaucoup trop sec,
Nous n'avons plus de goût au mal.

J'ai vraiment l'impression que ces gens se connaissent,
Car des sons modulés s'échappent de leur groupe.
J'aimerais me sentir membre de leur espèce ;
Brouillage accentué, puis le contact se coupe.

Moments de la fin de journée,
Après le soleil et la plage.
La déception s'est incarnée ;
Je ressens à nouveau mon âge.

Appel de la nuit qui restaure
Dans nos cerveaux las, l'espérance ;
J'ai l'impression d'être en dehors
D'une architecture d'apparences

Et de planer dans un non-être
Qui s'interrompt tous les matins
Quand il faut à nouveau paraître
Et prendre sa part du festin.

Dire « Bonjour » aux êtres humains,
Jouer son rôle, Blitzkrieg social ;
Se sentir très mal le matin,
Et rêver de la loi morale.

Chevauchement mou des collines ;
Au loin, le ronron d'un tracteur.
On a fait du feu dans les ruines ;
La vie est peut-être une erreur.

Je survis de plus en plus mal
Au milieu de ces organismes
Qui rient et portent des sandales,
Ce sont de petits mécanismes.

Que la vie est organisée
Dans ces familles de province !
Une existence amenuisée,
Des joies racornies et très minces.

Une cuisine bien lavée ;
Ah ! cette obsession des cuisines !
Un discours creux et laminé ;
Les opinions de la voisine.

Au-delà de ces maisons blanches,
Il y a un autre univers
Quelque chose en moi se déclenche,
J'ai besoin d'un autre univers.

La présence des HLM,
L'hypertrophie du moi qui saigne
Il faudrait un monde où l'on aime,
Un océan où l'on se baigne

Pas ces embryons de piscines
Où les banlieusards se détendent ;
Dans les discothèques en ruine,
Quelques loubards s'étirent et bandent.

Quelque chose en moi se fissure,
J'ai besoin de trouver la joie
D'accepter l'homme et la nature,
Je n'y arrive pas. J'ai froid.

Il est vingt et une heures, l'obscurité s'installe
Je ne peux plus crier, je n'en ai plus la force
Il pleut légèrement, les vacances s'amorcent
J'essaie d'imaginer que tout ça m'est égal.

Pour la vingtième fois je prends mon téléphone
Je n'ai plus rien à dire mais je peux écouter,
Suivre la vie des gens et m'y intéresser,
Pour la vingtième fois je ne trouve personne.

J'ai acheté du pain et du fromage en tranches,
Ça devrait m'éviter de crever mon œil droit
Les aliments gargouillent, je crois qu'on est dimanche,
Le temps heureusement est modérément froid.

S'il y a quelqu'un qui m'aime, sur Terre ou dans les astres,
Il devrait maintenant me faire un petit signe
Je sens s'accumuler les prémisses d'un désastre,
Le rasoir dans mon bras trace un trait rectiligne.

Deuxième partie

Comme un plant de maïs déplanté de sa terre,
Une vieille coquille oubliée par la mer,
À côté de la vie

Je me tourne vers toi qui as osé m'aimer
Viens avec moi, partons, je voudrais retrouver
Les traces de la nuit.

UNE SENSATION DE FROID

Le matin était clair et absolument beau ;
Tu voulais préserver ton indépendance.
Je t'attendais en regardant les oiseaux :
Quoi que je fasse, il y aurait la souffrance.

Après-midi de fausse joie,
Et les corps qui se désunissent
Tu n'as plus très envie de moi,
Nos regards ne sont plus complices.

Oh ! la séparation, la mort
Dans nos regards entrecroisés
La lente désunion des corps,
Ce bel après-midi d'été.

Les petits objets nettoyés
Traduisent un état de non-être.
Dans la cuisine, le cœur broyé,
J'attends que tu veuilles reparaître.

Compagne accroupie dans le lit,
Plus mauvaise part de moi-même
Nous passons de mauvaises nuits,
Tu me fais peur. Pourtant, je t'aime.

Un samedi après-midi,
Seul dans le bruit du boulevard.
Je parle seul. Qu'est-ce que je dis ?
La vie est rare, la vie est rare.

Pourquoi ne pouvons-nous jamais
Jamais
Être aimés ?

Vivre sans point d'appui, entouré par le vide,
Comme un oiseau de proie sur une mesa blanche ;
Mais l'oiseau a ses ailes, sa proie et sa revanche ;
Je n'ai rien de tout ça. L'horizon reste fluide.

J'ai connu de ces nuits qui me rendaient au monde,
Où je me réveillais plein d'une vie nouvelle
Mes artères battaient, je sentais les secondes
S'égrener puissamment, si douces et si réelles.

C'est fini. Maintenant, je préfère le soir.
Je sens chaque matin monter la lassitude,
J'entre dans la région des grandes solitudes,
Je ne désire plus qu'une paix sans victoire.

Vivre sans point d'appui, entouré par le vide,
La nuit descend sur moi comme une couverture,
Mon désir se dissout dans ce contact obscur ;
Je traverse la nuit, attentif et lucide.

Le long fil de l'oubli se déroule et se tisse
Inéluctablement. Cris, pleurs et plaintes.
Refusant de dormir, je sens la vie qui glisse
Comme un grand bateau blanc, tranquille et hors d'atteinte.

LE TRAIN DE CRÉCY-LA-CHAPELLE

J'aimerais bien avoir quelques contemporains
Quand l'insomnie creuse mes nuits, parfois, très tard ;
J'aimerais tellement rencontrer des regards,
Parler avec des gens comme on parle aux humains.

Muré dans ma méfiance et ma timidité,
La nuit semble si longue à mon cerveau malade
J'aimerais bien parfois avoir des camarades,
On me dit que je perds mes meilleures années.

Ah ! ces adolescentes que je n'ai pas aimées
Quand je prenais le train de Crécy-la-Chapelle
Le samedi midi, revenant du lycée ;
Je les voyais bouger et je les trouvais belles.

Je sentais battre en moi un monde de désirs
Et le samedi soir je regardais ma gueule ;
Je n'osais pas danser, je n'osais pas partir,
Personne ne m'embrassait. Je me sentais bien seul.

Je me méprisais tant que je voulais mourir,
Ou vivre des moments forts et exceptionnels ;
Aujourd'hui je m'efforce à ne pas trop souffrir,
J'approche de la fin. Je rejoins le réel.

MONDE EXTÉRIEUR

Il y a quelque chose de mort au fond de moi,
Une vague nécrose une absence de joie
Je transporte avec moi une parcelle d'hiver,
Au milieu de Paris je vis comme au désert.

Dans la journée je sors acheter de la bière,
Dans le supermarché il y a quelques vieillards
J'évite facilement leur absence de regard
Et je n'ai guère envie de parler aux caissières.

Je n'en veux pas à ceux qui m'ont trouvé morbide,
J'ai toujours eu le don de casser les ambiances
Je n'ai à partager que de vagues souffrances
Des regrets, des échecs, une expérience du vide.

Rien n'interrompt jamais le rêve solitaire
Qui me tient lieu de vie et de destin probable,
D'après les médecins je suis le seul coupable.

C'est vrai j'ai un peu honte, et je devrais me taire ;
J'observe tristement l'écoulement des heures ;
Les saisons se succèdent dans le monde extérieur.

Je n'ai plus le courage de me voir dans la glace.
Parfois je ris un peu, je me fais des grimaces ;
Ça ne dure pas longtemps. Mes sourcils me dégoûtent.
J'en arrache une partie ; cela forme des croûtes.

Le soir j'entends rentrer la voisine d'en face ;
J'en ai le cœur serré, je me fige sur place.
Je ne l'ai jamais vue car je suis très habile,
Je deviens un pantin sardonique et docile.

La nuit tranquillement s'insinue dans la cour ;
Derrière mes carreaux je contemple la plante.
Je suis vraiment content d'avoir connu l'amour,
Je me suis démoli pour une chose vivante.

Hier au petit jour j'ai brûlé des photos ;
C'était un plaisir neuf, quoique vraiment fugace.
J'ai même envisagé d'écouter la radio ;
La musique fait mal et les discours agacent.

Je ne m'indigne plus du silence des choses,
Elles ne parlent qu'à ceux qui vivent parmi elles ;
Il y a des êtres humains, leur visage est tout rose,
On dirait des bébés. Fiction émotionnelle.

Je traverse la ville où la nuit s'abandonne
Et je compte mes chances d'atteindre le matin
L'air surchauffé s'enroule comme un drap de satin
Dans l'escalier désert, mes semelles résonnent.

Je monte retrouver le canapé classique
Où j'attends sans dormir, blotti dans les coussins,
La lueur un peu sale, imprécise du matin,
L'heure de retrouver les gestes automatiques ;

La journée fatiguée et les yeux qui font mal,
Les trois bols de café et le cœur qui palpite
Les habits enfilés dont le contact irrite
La peau mal réveillée, les titres du journal,

Les humains qui se croisent au métro Invalides
Les cuisses des secrétaires, le rire des techniciens
Les regards qu'ils se jettent comme un combat de chiens,
Les mouvements qu'ils font autour d'un centre vide.

LA FÊLURE

Dans l'immobilité, le silence impalpable,
Je suis là. Je suis seul. Si on me frappe, je bouge.
J'essaie de protéger une chose sanglante et rouge,
Le monde est un chaos précis et implacable.

Il y a des gens autour, je les sens qui respirent
Et leurs pas mécaniques se croisent sur le grillage.
J'ai pourtant ressenti la douleur et la rage ;
Tout près de moi, tout près, un aveugle soupire.

Cela fait très longtemps que je survis. C'est drôle.
Je me souviens très bien du temps de l'espérance
Et je me souviens même de ma petite enfance,
Mais je crois que j'en suis à mon tout dernier rôle.

Tu sais je l'ai compris dès la première seconde,
Il faisait un peu froid et je suais de peur
Le pont était brisé, il était dix-neuf heures
La fêlure était là, silencieuse et profonde.

APAISEMENT

Tout seul au point du jour – solitude sereine
Un manteau de brouillard descend de la rivière
La tristesse a fini par dissiper la haine,
Je ne suis déjà plus du monde de la matière.

Hier mon corps scarifié rampait sur le dallage
Et je cherchais des yeux un couteau de cuisine
Du sang devait couler, mon cœur gonflé de rage
Secouait péniblement les os de ma poitrine.

L'angoisse bourgeonnait comme un essaim de vers
Cachés sous l'épiderme, hideux et très voraces ;
Ils suintaient, se tordaient. J'ai saisi une paire
De ciseaux. Et puis j'ai regardé mon corps en face.

Tout seul au point du jour – infinie solitude
La rivière charrie des monceaux de cadavres
Je plane à la recherche de nouvelles latitudes,
Un caboteur poussif remonte vers Le Havre.

Cette envie de ne plus rien faire et surtout ne plus rien éprouver
Ce besoin subit de se taire et de se détacher
Au jardin du Luxembourg, si calme,
Être un vieux sénateur vieillissant sous ses palmes.

Et plus rien du tout, ni les enfants, ni leurs bateaux, ni surtout la
[musique
Ne viendrait troubler cette méditation désenchantée et presque
[ataraxique
Ni l'amour surtout, ni la crainte.
Ah ! n'avoir aucun souvenir des étreintes.

FIN DE PARCOURS POSSIBLE

À quoi bon s'agiter ? J'aurai vécu quand même
Et j'aurai observé les nuages et les gens
J'ai peu participé, j'ai tout connu quand même
Surtout l'après-midi, il y a eu des moments.

La configuration des meubles de jardin
Je l'ai très bien connue, à défaut d'innocence ;
La grande distribution et les parcours urbains,
Et l'immobile ennui des séjours de vacances.

J'aurai vécu ici, en cette fin de siècle,
Et mon parcours n'a pas toujours été pénible
(Le soleil sur la peau et les brûlures de l'être) ;
Je veux me reposer dans les herbes impassibles.

Comme elles je suis vieux et très contemporain,
Le printemps me remplit d'insectes et d'illusions
J'aurai vécu comme elles, torturé et serein,
Les dernières années d'une civilisation.

Un matin de soleil rapide,
Et je veux réussir ma mort.
Je lis dans leurs yeux un effort :
Mon Dieu, que l'homme est insipide !

On n'est jamais assez serein
Pour supporter les jours d'automne
Dieu que la vie est monotone,
Que les horizons sont lointains !

Un matin d'hiver, doucement,
Loin des habitations des hommes ;
Désir d'un rêve, absolument,
D'un souvenir que rien ne gomme.

Incapable de nostalgie
J'envie le calme des vieillards
La petite mort dans leurs regards,
Leur air en deçà de la vie.

Incapable de m'imposer
J'envie la soif des conquérants
La simplicité des enfants,
La façon qu'ils ont de pleurer.

Mon corps tendu jusqu'au délire
Attend comme un embrasement
Un devenir, un claquement ;
La nuit je m'exerce à mourir.

Précoce comédien, expert à la souffrance,
J'ai vécu une étrange et pathétique enfance.
Je jouais aux voitures, croyais à l'amitié,
Et malgré moi déjà j'excitais la pitié.

L'agonie des fleurs est brutale
Comme l'envers d'une explosion,
Le pourrissement de leurs pétales
Évoque nos dérélictions.

J'ai grandi au milieu de machines à plaisir
Qui traversaient la vie sans aimer, sans souffrir ;
Je n'ai pas renoncé à ce monde idéal
Entr'aperçu jadis. Et j'ai souvent eu mal.

L'agonie de l'homme est sordide
Comme une lente crucifixion.
On n'arrive pas à faire le vide ;
On meurt avec ses illusions.

Ce soir en marchant dans Venise
J'ai repensé à toi, ma Lise.
J'aurais bien aimé t'épouser
Dans la basilique dorée.

Les gens s'en vont, les gens se quittent
Ils veulent vivre un peu trop vite
Je me sens vieux, mon corps est lourd
Il n'y a rien d'autre que l'amour.

Ton regard, bien-aimée, me portait dans l'espace
Tes yeux étaient si tendres et je n'avais plus peur
Au milieu des courants et des cristaux de glace,
Le doux flot de la joie faisait battre mon cœur.

Au milieu du danger mon âme était sereine
L'homme déchirait l'homme, plein de hargne et de haine,
Nous vivions un moment redoutable et cruel
Et le monde attendait une parole nouvelle.

Ton regard, mon amour, me portait dans la foule
Et je n'avais plus peur d'affronter les cyniques
Quelquefois cependant j'avais la chair de poule,
Le mal se propageait comme un choc électrique.

Alors je t'appelais, je te disais : « Je t'aime »
Et tu me promettais qu'il y aurait d'autres jours
Au milieu de la mort, de l'orgueil, du blasphème
Si nous pouvions le faire, nous sauverions l'amour.

Et puis cette nuit vint, une nuit ordinaire
Le soleil se battait, glissait dans les ténèbres
Mes genoux ont plié, je suis tombé par terre
Son baiser était froid, indifférent, funèbre.

Je me suis redressé après quelques secondes
Et j'ai lu dans tes yeux que tu n'aimais personne
Tu glissais vers la vie, tu revenais au monde,
Au chaos sec et dur que la mort emprisonne.

J'ai vu de grands rochers se briser dans le ciel,
J'ai vu de longs courants se tordre et se détendre
J'ai vu le grand serpent du monde matériel
Qui étouffait en toi le dernier regard tendre.

Notre amour se brisait comme une maison s'effondre,
Jamais on ne viendrait pour relever ses murs
Jamais des cris d'enfants au milieu des décombres
N'éveilleraient les spectres et leur vague murmure.

L'aube vint. J'étais seul. Vers l'est, de grands nuages
Se tordaient souplement, annonciateurs d'orage.
Je me suis relevé après une longue attente ;
J'ai arraché des fleurs de mes deux mains tremblantes ;
Très loin, je le savais, le principe destructeur
Se réorganisait. J'ai marché dans la peur.

DERNIERS TEMPS

Il y aura des journées et des temps difficiles
Et des nuits de souffrance qui semblent insurmontables
Où l'on pleure bêtement les deux bras sur la table
Où la vie suspendue ne tient plus qu'à un fil ;
Mon amour je te sens qui marche dans la ville.

Il y aura des lettres écrites et déchirées
Des occasions perdues des amis fatigués
Des voyages inutiles des déplacements vides
Des heures sans bouger sous un soleil torride,
Il y aura la peur qui me suit sans parler

Qui s'approche de moi, qui me regarde en face
Et son sourire est beau, son pas lent et tenace
Elle a le souvenir dans ses yeux de cristal,
Elle a mon avenir dans ses mains de métal
Elle descend sur le monde comme un halo de glace.

Il y aura la mort tu le sais mon amour
Il y aura le malheur et les tout derniers jours
On n'oublie jamais rien, les mots et les visages
Flottent joyeusement jusqu'au dernier rivage
Il y aura le regret, puis un sommeil très lourd.

Troisième partie

Peuple assoiffé de vie,
Connais ton créateur.
Je me retrouve dans la nuit :
Il bat, mon cœur.

Photographies de ses enfants,
Cet amour inconditionnel.
Il faut mourir, un jour, pourtant ;
Nous nous reverrons tous au ciel.

Est-il vrai qu'en un lieu au-delà de la mort
Quelqu'un nous aime et nous attend tels que nous sommes ?
Des vagues d'air glacé se succèdent sur mon corps ;
J'ai besoin d'une clef pour retrouver les hommes.

Est-il vrai que parfois les êtres humains s'entraident
Et qu'on peut être heureux au-delà de treize ans ?
Certaines solitudes me semblent sans remède ;
Je parle de l'amour, je n'y crois plus vraiment.

Quand la nuit se précise au centre de la ville
Je sors de mon studio, le regard implorant ;
Les boulevards charrient des coulées d'or mobile
Personne ne me regarde, je suis inexistant.

Plus tard je me blottis près de mon téléphone
Je fais des numéros, mais je raccroche à temps.
Une forme est tapie derrière l'électrophone ;
Elle sourit dans le noir, car elle a tout son temps.

LES IMMATÉRIAUX

La présence subtile, interstitielle de Dieu
A disparu.
Nous flottons maintenant dans un espace désert
Et nos corps sont à nu.

Flottant, dans la froideur d'un parking de banlieue
En face du centre commercial
Nous orientons nos torses par des mouvements souples
Vers les couples du samedi matin
Chargés d'enfants, chargés d'efforts,
Et leurs enfants se disputent en hurlant des images de Goldorak.

Un mélange d'humains monstrueux et sans nombre
Gravitait dans les rues. Le ciel était pervers.
J'inventais sans arrêt des nuances de vert.
Devant moi trois caniches, talonnés par leur ombre.

Je veux penser à toi, Arthur Schopenhauer,
Je t'aime et je vois dans le reflet des vitres,
Le monde est sans issue et je suis un vieux pitre,
Il fait froid. Il fait très froid. Adieu la Terre.

À la fin je sais bien on rentre à la maison ;
Le terme est ironique, vous avez bien raison.
C'est vrai je connais mal tous mes colocataires,
Il y a un infirmier et quelques fonctionnaires.

Ils ont beaucoup d'amis, du moins je le suppose ;
Je m'approche des murs, j'ai creusé quelque chose.
Ils font le même bruit qu'un troupeau de gorilles ;
Je ferme un peu les yeux et je peux voir les grilles.

Le matin vers huit heures je passe devant l'église,
Dans l'autobus 23 des vieillards agonisent
Et la même journée bientôt s'immobilise ;
On peut s'interroger sur le sens des Églises.

Tu parlais sexualité, relations humaines. Parlais-tu vraiment, en fait ? Un brouhaha nous environnait ; des mots semblaient sortir de ta bouche. Le train pénétrait dans un tunnel. Avec un léger grésillement, un léger retard, les lampes du compartiment s'allumèrent. Je détestais ta jupe plissée, ton maquillage. Tu étais ennuyeuse comme la vie.

MERCREDI. MAYENCE –
VALLÉE DU RHIN – COBLENCE

Évidente duplicité de la solitude. Je vois ces vieux assis autour d'une table, il y en a au moins dix. Je pourrais m'amuser à les compter, mais je suis sûr qu'il y en a au moins dix. Et pfuui ! Si je pouvais m'envoler au ciel, m'envoler au ciel tout de suite ! Ils émettent parlant tous ensemble une cacophonie de sons où l'on ne reconnaît que quelques syllabes mastiquées, comme arrachées à coups de dents.

Mon Dieu ! qu'il est donc difficile de se réconcilier avec le monde !...

J'ai compté. Il y en a douze. Comme les apôtres. Et le garçon de café serait-il censé figurer le Christ ?

Et si je m'achetais un tee-shirt « *Jésus* » ?

Il est des moments dans la vie où l'on a presque l'impression
d'entendre l'ironique froufrou du temps qui se dévide,
Et la mort marque des points sur nous.
On s'ennuie un peu, et on accepte de se détourner provisoirement
de l'essentiel pour consacrer quelques minutes à l'accomplissement
d'une besogne ennuyeuse et sans joie mais que l'on croyait rapide,
Et puis on se retourne, et l'on s'aperçoit avec écœurement que
deux heures de plus ont glissé dans le vide,

Le temps n'a pas pitié de nous.

À la fin de certaines journées on a l'impression d'avoir vécu un
quart d'heure et naturellement on se met à penser à son âge,
Alors on essaie d'imaginer une ruse une sorte de coup de poker
qui nous ferait gagner six mois et le meilleur moyen est encore de
noircir une page,
Car sauf à certains moments historiques précis et pour certains
individus dont les noms sont écrits dans nos livres,
Le meilleur moyen de gagner la partie contre le temps est encore
de renoncer dans une certaine mesure à y vivre.
Le lieu où nos gestes se déroulent et s'inscrivent harmonieuse-
ment dans l'espace et suscitent leur propre chronologie,
Le lieu où tous nos êtres dispersés marchent de front et où tout
décalage est aboli,
Le lieu magique de l'absolu et de la transcendance
Où la parole est chant, où la démarche est danse
N'existe pas sur Terre,

Mais nous marchons vers lui.

LE CORPS DE L'IDENTITÉ ABSOLUE

La maison du Seigneur est semblable à une taupinière ;
Il y a de nombreuses ouvertures,
Des galeries où le corps a de la peine à se glisser ;
Pourtant, le centre est désespérément vide.

La Jérusalem céleste est présente ici-bas,
Dans les yeux de certaines femmes ;
Il y a un temps d'établissement de l'accord, comme une synchro-
nisation des récepteurs,
Puis les regards se plongent et se réfléchissent dans quelque
chose d'infiniment salvateur
Qui est l'Autre et l'Unique,
L'espace et le point fixe.
Niant le temps, d'un même pas, nous pénétrons dans le royaume
de l'identique.

Au centre du temple du Seigneur il y a une pièce aux murs blan-
chis, au plafond bas ;
Cette pièce comporte en son centre un autel.
Ceux qui parviennent ici sont d'abord surpris par l'ambiance de
vide et de calme qui émane de ces lieux ;
Pourquoi la surface de l'autel est-elle vide ? Est-ce ainsi que doit se
manifester Dieu ?
Ce n'est qu'au bout de plusieurs jours, de plusieurs nuits de médi-
tation et de veille

Qu'au centre de l'espace se révèle et prend forme quelque chose qui ressemble à un soleil,

Quelque chose autour de quoi l'espace se lie et se constitue en même temps par ce lien,
Un point central autour duquel le monde se forme et se définit dans un formidable entrelacement topologique,
Un point dont la contemplation prolongée conduit l'âme à un saut vers l'absolument identique.

Le nom de ce point n'existe dans aucune langue ; mais de lui émanent la joie, la lumière et le bien.

Le monde apparaît, plus que jamais, homogène et stable. Le soleil de neuf heures coule lentement dans la rue en pente douce ; les immeubles anciens et modernes se côtoient sans animosité marquée. Parcelle de l'humanité, je suis assis sur un banc. Le jardin a été rénové récemment ; on a installé une fontaine. Je ressens, sur ce banc, ma présence humaine ; ma présence humaine en face de la fontaine.

Il s'agit d'une fontaine moderne ; l'eau s'écoule entre des hémisphères gris ; elle tombe, avec lenteur, d'un hémisphère à l'autre. Entre des sphères, elle ne pourrait que glisser ; mais le choix de l'architecte s'avère plus fin : l'eau remplit progressivement les hémisphères supérieurs ; ceux-ci remplis, ils dégouttent doucement vers les hémisphères inférieurs ; au bout d'un temps qui me paraît variable, tout se vide d'un seul coup. Puis l'eau coule à nouveau, et le processus reprend.
Avons-nous affaire à une métaphore de la vie ? J'en doute. Plus probablement l'architecte a-t-il voulu mettre en scène sa vision du mouvement perpétuel. Comme beaucoup d'autres.

Vendredi 11 mars. 18 h 15. Saorge

Allongé à l'hôtel ; après la tension de la marche, les muscles se reposent ; ils sont envahis d'une chaleur vive, mais plaisante.

Occidental, sentimental, primaire, je n'arrive pas vraiment à sympathiser avec le bouddhisme (avec ce qu'implique le bouddhisme : cette patiente étude du corps, dirigée par l'intellect ; cette étude presque scientifique du corps, de ses réactions, de l'utilisation de ses réactions dans une démarche mystique et pratique).

En d'autres termes je reste un romantique, émerveillé par l'idée d'envol (de pur envol, spirituel, détaché du corps). J'estime la chasteté, la sainteté, l'innocence ; je crois au don des larmes et à la prière du cœur. Le bouddhisme est plus intelligent, il est plus efficace ; il n'empêche que je ne parviens pas à y adhérer.

Je suis allongé sur le lit, mes muscles se reposent ; et je me sens prêt, comme du temps de ma jeunesse, à d'infinies effusions sensibles.

CONFRONTATION

Et si nous avons besoin de tant d'amour, à qui la faute ?
Si nous ne pouvons radicalement pas nous adapter
À cet univers de transactions généralisées
Que voudraient tant voir adopter
Les psychologues, et tous les autres ?

Et si nous avons besoin de tant de rêves, à qui la faute ?
Si une fraction non encore déterminée de notre psyché
Ne peut définitivement pas se contenter
D'une harmonieuse gestion de nos pulsions répertoriées
Quatre ou cinq, au maximum ?

Et si nous avons besoin de croire à quelque chose
Qui nous dépasse, nous tire en avant, et dans lequel en même
                                        [temps on se repose,
Si nous avons besoin d'un bonheur absolument pas quantifiable,
D'une force intérieure qui germe en nous et se joue des
                                        [impondérables,
Qui se développe en nous et donne à notre existence une valeur,
                        [une utilité et un sens inaliénables,

Si nous avons besoin aussi et en même temps de nous sentir coupables,
De nous sentir humiliés et malheureux de ne pas être plus que nous
                                        [sommes
Si vraiment nous avons besoin de tout cela pour nous sentir
                                        [des hommes,
Qu'allons-nous faire ?

Il est temps de lâcher prise.

Je suis comme un enfant qui n'a plus droit aux larmes,
Conduis-moi au pays où vivent les braves gens
Conduis-moi dans la nuit, entoure-moi d'un charme,
Je voudrais rencontrer des êtres différents.

Je porte au fond de moi une ancienne espérance
Comme ces vieillards noirs, princes dans leur pays,
Qui balaient le métro avec indifférence ;
Comme moi ils sont seuls, comme moi ils sourient.

Il est vrai que ce monde où nous respirons mal
N'inspire plus en nous qu'un dégoût manifeste,
Une envie de s'enfuir sans demander son reste,
Et nous ne lisons plus les titres du journal.

Nous voulons retourner dans l'ancienne demeure
Où nos pères ont vécu sous l'aile d'un archange,
Nous voulons retrouver cette morale étrange
Qui sanctifiait la vie jusqu'à la dernière heure.

Nous voulons quelque chose comme une fidélité,
Comme un enlacement de douces dépendances,
Quelque chose qui dépasse et contienne l'existence ;
Nous ne pouvons plus vivre loin de l'éternité.

APRÈS-MIDI BOULEVARD PASTEUR

Je revois les yeux bleus des touristes allemands
Qui parlaient société devant un formidable.
Leurs « Ach so » réfléchis, un peu nerveux pourtant,
Se croisaient dans l'air vif ; ils étaient plusieurs tables.

Sur ma gauche causaient quelques amis chimistes :
Nouvelles perspectives en synthèse organique !
La chimie rend heureux, la poésie rend triste,
Il faudrait arriver à une science unique.

Structure moléculaire, philosophie du moi
Et l'absurde destin des derniers architectes ;
La société pourrit, se décompose en sectes :
Chantons l'alléluia pour le retour du roi !

Boule de sang, boule de haine,
Pourquoi tous ces gens réunis ?
C'est la société humaine ;
La nuit retombe sur Paris.

Pendant que dans l'azur fictif
Se croisent les euromissiles,
Un vieux savant à l'œil plaintif
Examine quelques fossiles.

Dinosaures, gentils dinosaures,
Que voyaient vos grands yeux stupides ?
Se battait-on déjà à mort
Dans vos marécages torpides ?

Y a-t-il eu un âge d'or,
Une bonne loi naturelle ?
Répondez, gentils dinosaures :
Pourquoi la vie est si cruelle ?

Aux confins du désert mojave
Vit un cactus bimillénaire.
Il a poussé sur de la lave,
Serein comme un dieu tutélaire.

À l'équinoxe de printemps,
Au temps où la Terre bascule,
Les Indiens s'agenouillent devant
Toute la nuit. Et la nuit brûle

De leurs incantations vibrantes
Comme la langue d'un serpent.
De leurs voix hachées et stridentes,
Ils essaient de dompter le Temps

De le forcer à se plier,
À refermer enfin sa courbe.
Un jour viendra, disent les sorciers,
Où le Temps, tortueux et fourbe,

Finira par être piégé
Dans cette architecture de plaintes
Et nous serons légers, légers...
L'Éternité sera atteinte.

Quatrième partie

VARIATION **49** : LE DERNIER VOYAGE

Un triangle d'acier sectionne le paysage ;
L'avion s'immobilise au-dessus des nuages.
Altitude 8 000. Les voyageurs descendent :
Ils dominent du regard la Cordillère des Andes

Et dans l'air raréfié l'ombilic d'un orage
Se développe et se tord ;
Il monte des vallées comme un obscur présage,
Comme un souffle de mort.

Nos regards s'entrecroisent, interrogeant en vain
L'épaisseur de l'espace
Dont la blancheur fatale enveloppe nos mains
Comme un halo de glace.

Santiago du Chili, le 11 décembre.

LES OPÉRATEURS CONTRACTANTS

Vers la fin d'une nuit, au moment idéal
Où s'élargit sans bruit le bleu du ciel central
Je traverserai seul, comme à l'insu de tous,
La familiarité inépuisable et douce
Des aurores boréales.

Puis mes pas glisseront dans un chemin secret,
À première vue banal
Qui depuis des années serpente en fins dédales,
Que je reconnaîtrai.

Ce sera un matin apaisé et discret.
Je marcherai longtemps, sans joie et sans regret,
La lumière très douce des aubes hivernales
Enveloppant mes pas d'un sourire amical.
Ce sera un matin lumineux et secret.

L'entourage se refuse au moindre commentaire ;
Monsieur est parti en voyage.
Dans quelques jours sûrement il y aura la guerre ;
Vers l'Est le conflit se propage.

La texture fine et délicate des nuages
Disparaît derrière les arbres ;
Et soudain c'est le flou qui précède un orage :
Le ciel est beau, hermétique comme un marbre.

VOCATION RELIGIEUSE

Je suis dans un tunnel fait de roches compactes ;
Sur ma gauche à deux pas un homme sans paupières
M'enveloppe des yeux. Il se dit libre et fier ;
Très loin, plus loin que tout, gronde une cataracte.

C'est le déclin des monts et la dernière halte ;
L'autre homme a disparu. Je continuerai seul.
Les parois du tunnel me semblent de basalte ;
Il fait froid. Je repense au pays des glaïeuls.

Le lendemain matin l'air avait goût de sel ;
Alors je ressentis une double présence.
Sur le sol gris serpente un trait profond et dense,
Comme l'arc aboli d'un ancien rituel.

Doucement, nous glissions vers un palais fictif
Environné de larmes.
L'azur se soulevait comme un ballon captif ;
Les hommes étaient en armes.

PASSAGE

1

Des nuages de pluie tournoient dans l'air mobile,
Le monde est vert et gris. C'est le règne du vent.
Et tout sens se dissout hormis le sens tactile…
Le reflet des tilleuls frissonne sur l'étang.

Pour rejoindre à pas lents une mort maritime,
Nous avons traversé des déserts chauds et blancs
Et nous avons frôlé de dangereux abîmes…
De félines figures souriaient en dedans.

Et les volontés nues refusaient de mourir.
Venus de Birmanie, deux de nos compagnons,
Les traits décomposés par un affreux sourire,
Glissaient dans l'interorbe du Signe du Scorpion.

Par les chemins austères des monts du Capricorne,
Leurs deux corps statufiés dansaient dans nos cervelles ;
Les sombres entrelacs du pays de Fangorn
Engloutirent soudain l'image obsessionnelle.

Et quelques-uns parvinrent à l'ultime archipel…

2

C'est un plan incliné environné de brume ;
Les rayons du soleil y sont toujours obliques.
Tout paraît recouvert d'asphalte et de bitume,
Mais rien n'obéit plus aux lois mathématiques.

C'est la pointe avancée de l'être individuel ;
Quelques-uns ont franchi la Porte des Nuages.
Déjà transfigurés par un chemin cruel,
Ils souriaient, très calmes, au moment du passage.

Et les courants astraux irradient l'humble argile
Issue, sombre alchimie, du bloc dur du vouloir
Qui se mêle et s'unit comme un courant docile
Au mystère diffus du Grand Océan Noir.

Un brouillard fin et doux cristallise en silence
Au fond de l'univers ;
Et mille devenirs se dénouent et s'avancent,
Les vagues de la mer.

AU BOUT DU BLANC

1

Au bout, il y aura un matin de neige
Dans une gare de province
Le cadavre d'un petit chien beige,
Des possibilités très minces.

Au bout du blanc, il y a la mort
Il y a l'évanescence des corps
Dans le matin gelé, captif,
J'achève mon parcours émotif.

J'achève ma vie, je me couche,
Le sol ressemble à une bouche
Dont les lèvres de terre noircie
Sont prêtes à recueillir ma vie.

2

Le matin revient, le sol fume
Et je suis mort pour pas grand-chose
Le soleil déchire la brume,
Le ciel est légèrement rose.

Une germination bestiale
Reformera des animaux

Et tout revivra à nouveau,
Y compris le bien et le mal,
Dans le silence des animaux ;
Le silence des bêtes est brutal.

Les bêtes se capturent et se touchent,
Les bêtes se déchirent et se mordent
Parfois elles se rassemblent en hordes
Les bêtes ont des mains, une bouche
Ouverte sur un trou de sang
Elles ont des griffes, elles ont des dents
Dans leurs artères le sang palpite
Le sang s'affole, circule très vite.

Par ailleurs, les falaises s'effritent.

VARIATION 32

Deux hommes nus couchés sur le bord du rivage,
Et la vie a tracé de singulières phrases
Sur leur peau. Ils sont là, innocents et très sages,
Survivants harassés que la marée arase.

Deux grands requins tout blancs jouent autour de l'épave
Le soleil innocent fait briller les yeux morts
D'un éclat sardonique.
Tout cela n'est pas grave,
Mais quel affreux décor…
Tournent les goélands de leur vol concentrique !

Saint-Christophe-du-Ligneron, le 17 juillet.

Une gare dans les Yvelines
Que n'avait pas atteint la guerre
Au bout du quai, un chien urine
Le chef de train est en prières.

Les tôles d'un wagon-couchettes
Rouillaient parmi les herbes maigres
Un aveugle vendait des chaussettes,
Il appartenait à la pègre.

L'espoir a déserté la ville
Le lendemain de l'explosion,
Nous avons été trop subtils
(Une question de génération).

Le soleil se noie, flaque verte,
Sur l'horizon couperosé
Je ne crois plus aux cotes d'alerte,
L'avenir s'est ankylosé.

Quand disparaît le sens des choses
Au milieu de l'après-midi,
Dans la douceur d'un samedi,
Quand on est cloué par l'arthrose.

La disparition des traverses
Au milieu de la voie ferrée
Se produit juste avant l'averse,
Les souvenirs sont déterrés.

Je pense à mon signal d'appel
Oublié au bord de l'étang,
Je me souviens du monde réel
Où j'ai vécu, il y a longtemps.

SÉJOUR-CLUB 2

Le soleil tournait sur les eaux
Entre les bords de la piscine.
Lundi matin, désirs nouveaux ;
Dans l'air flotte une odeur d'urine.

Tout à côté du club enfants,
Une peluche décapitée
Un vieux Tunisien dépité
Qui blasphème en montrant les dents.

J'étais inscrit pour deux semaines
Dans un parcours relationnel,
Les nuits étaient un long tunnel
Dont je sortais couvert de haine.

Lundi matin, la vie s'installe ;
Les cendriers indifférents
Délimitent mes déplacements
Au milieu des zones conviviales.

Dans l'abrutissement qui me tient lieu de grâce
Je vois se dérouler des pelouses immobiles,
Des bâtiments bleutés et des plaisirs stériles
Je suis le chien blessé, le technicien de surface

Et je suis la bouée qui soutient l'enfant mort,
Les chaussures délacées craquelées de soleil
Je suis l'étoile obscure, le moment du réveil
Je suis l'instant présent, je suis le vent du nord.

Tout a lieu, tout est là, et tout est phénomène
Aucun événement ne semble justifié,
Il faudrait parvenir à un cœur clarifié ;
Un rideau blanc retombe et recouvre la scène.

LA ROUTE

Le ciel s'écartelait, déchiré de pylônes,
Et quelques réverbères se penchaient sur la route
Je regardais les femmes et je les voulais toutes,
Leurs lèvres écartées formaient des polygones.

Je n'atteindrai jamais à la pleine patience
De celui qui se sait aimé dans l'éternel
Mon parcours sera bref, erratique et cruel,
Aussi loin du plaisir que de l'indifférence.

Les plantes de la nuit grimpaient sur la verrière
Et les femmes glissaient près du bar tropical ;
Dans le tunnel des nuits l'espérance est brutale,
Et le sexe des femmes inondé de lumière.

VÉRONIQUE

La maison était rose avec des volets bleus
Je voyais dans la nuit les traits de ton visage
L'aurore s'approchait, j'étais un peu nerveux,
La lune se glissait dans un lac de nuages

Et tes mains dessinaient un espace invisible
Où je pouvais bouger et déployer mon corps
Et je marchais vers toi, proche et inaccessible,
Comme un agonisant qui rampe vers la mort.

Soudain tout a changé dans une explosion blanche,
Le soleil s'est levé sur un nouveau royaume ;
Il faisait presque chaud et nous étions dimanche,
Dans l'air ambiant montaient les harmonies d'un psaume.

Je lisais une étrange affection dans tes yeux
Et j'étais très heureux dans ma petite niche ;
C'était un rêve tendre et vraiment lumineux,
Tu étais ma maîtresse et j'étais ton caniche.

L'ÉTÉ DERNIER

Vers le Soleil se tend l'effort du végétal ;
Le combat se poursuit et la chaleur augmente ;
La réverbération devient éblouissante ;
Des couches empilées d'air, d'une torpeur égale,
Remuent sournoisement.

J'étais je vous le jure dans mon état normal ;
Les fleurs trouaient mes yeux de leur éclat brutal ;
C'était un accident.

Je revois maintenant les circonstances exactes.
Nous étions arrêtés près d'une cataracte.
La souple peau des prés s'ouvrit, gueule béante ;
La réverbération devint éblouissante ;
Il y avait çà et là des fleurs de digitale ;
Ma sœur et moi marchions sur un tapis nuptial.

LA FILLE

La fille aux cheveux noirs et aux lèvres très minces
Que nous connaissons tous sans l'avoir rencontrée
Ailleurs que dans nos rêves. D'un doigt sec elle pince
Les boyaux palpitants de nos ventres crevés.

LE JARDIN AUX FOUGÈRES

Nous avions traversé le jardin aux fougères,
L'existence soudain nous apparut légère
Sur la route déserte nous marchions au hasard
Et, la grille franchie, le soleil devint rare.

De silencieux serpents glissaient dans l'herbe épaisse,
Ton regard trahissait une douce détresse
Nous étions au milieu d'un chaos végétal,
Les fleurs autour de nous exhibaient leurs pétales.

Animaux sans patience, nous errons dans l'Éden,
Hantés par la souffrance et conscients de nos peines
L'idée de la fusion persiste dans nos corps
Nous sommes, nous existons, nous voulons être encore,

Nous n'avons rien à perdre. L'abjecte vie des plantes
Nous ramène à la mort, sournoise, envahissante.
Au milieu d'un jardin nos corps se décomposent,
Nos corps décomposés se couvriront de roses.

Traces de la nuit.
Une étoile brille, seule,
Préparée pour de lointaines eucharisties.

Des destins se rassemblent, perplexes,
Immobiles.

Nous marchons je le sais vers des matins étranges.

LES ALGÉBRISTES

Ils flottaient dans la nuit près d'un astre innocent,
Observant la naissance du monde,
Le développement des plantes
Et le foisonnement impur des bactéries ;
Ils venaient de très loin, ils avaient tout leur temps.

Ils n'avaient pas vraiment
D'idée sur l'avenir,
Ils voyaient le tourment
Le manque et le désir
S'installer sur la Terre
Au milieu des vivants,
Ils connaissaient la guerre,
Ils chevauchaient le vent.

Ils se sont rassemblés tout au bord de l'étang ;
Le brouillard se levait et ranimait le ciel.
Souvenez-vous, amis, des formes essentielles ;
Souvenez-vous de l'homme. Souvenez-vous longtemps.

LA DISPARITION

Nous marchons dans la ville, nous croisons des regards
Et ceci définit notre présence humaine ;
Dans le calme absolu de la fin de semaine,
Nous marchons lentement aux abords de la gare.

Nos vêtements trop larges abritent des chairs grises
À peu près immobiles dans la fin de journée ;
Notre âme minuscule, à demi condamnée,
S'agite entre les plis, et puis s'immobilise.

Nous avons existé, telle est notre légende ;
Certains de nos désirs ont construit cette ville
Nous avons combattu des puissances hostiles,
Puis nos bras amaigris ont lâché les commandes

Et nous avons flotté loin de tous les possibles ;
La vie s'est refroidie, la vie nous a laissés
Nous contemplons nos corps à demi effacés,
Dans le silence émergent quelques *data* sensibles.

LES VISITEURS

Maintenant ils sont là, réunis à mi-pente ;
Leurs doigts vibrent et s'effleurent dans une douce ellipse.
Un peu partout grandit une atmosphère d'attente ;
Ils sont venus de loin, c'est le jour de l'éclipse.

Ils sont venus de loin et n'ont presque plus peur ;
La forêt était froide et pratiquement déserte.
Ils se sont reconnus aux signes de couleur ;
Presque tous sont blessés, leur regard est inerte.

Il règne sur ces monts un calme de sanctuaire ;
L'azur s'immobilise et tout se met en place.
Le premier s'agenouille, son regard est sévère ;
Ils sont venus de loin pour juger notre race.

Les champs de betteraves surmontés de pylônes
Luisaient. Nous nous sentions étrangers à nous-mêmes,
Sereins. La pluie tombait sans bruit, comme une aumône ;
Nos souffles retenus formaient d'obscurs emblèmes
Dans le ciel du matin.

Un devenir douteux battait dans nos poitrines,
Comme une annonciation.
La civilisation n'était plus qu'une ruine ;
Cela, nous le savions.

Nous avions pris la voie rapide
Sur le talus, de grands lézards
Glissaient leur absence de regard
Sur nos cadavres translucides.

Le réseau des nerfs sensitifs
Survit à la mort corporelle
Je crois à la Bonne Nouvelle,
Au destin approximatif.

La conscience exacte de soi
Disparaît dans la solitude.
Elle vient vers nous, l'infinitude…
Nous serons dieux, nous serons rois.

Nous attendions, sereins, seuls sur la piste blanche ;
Un Malien emballait ses modestes affaires
Il cherchait un destin très loin de son désert
Et moi je n'avais plus de désir de revanche.

L'indifférence des nuages
Nous ramène à nos solitudes ;
Et soudain nous n'avons plus d'âge,
Nous prenons de l'altitude.

Lorsque disparaîtront les illusions tactiles
Nous serons seuls, ami, et réduits à nous-mêmes.
Lors de la transition de nos corps vers l'extrême,
Nous vivrons des moments d'épouvante immobile.

La platitude de la mer
Dissipe le désir de vivre.
Loin du soleil, loin des mystères,
Je m'efforcerai de te suivre.

TABLE DES MATIÈRES

I

II

IV

Achevé d'imprimer en Italie par Grafica Veneta
en août 2016
Dépôt légal février 2015
EAN 9782290108772
OTP L21ELLN000668A002

—

Ce texte est composé en Lemonde journal et en Akkurat

—

Conception des principes de mise en page :
mecano, Laurent Batard

—

Composition : PCA

—

ÉDITIONS J'AI LU
87, quai Panhard-et-Levassor, 75013 Paris
Diffusion France et étranger : Flammarion

Librio

354